Note à l'intention des parents et des enseignants

Dès que l'enfant sait reconnaître les 38 mots utilisés
pour raconter cette histoire, il peut lire le livre en entier.
Ces 38 mots apparaissent tout au long de l'histoire pour que
les jeunes lecteurs puissent facilement les retrouver
et comprendre leur signification.

admirez	est	mes	qui
attachez	faites	moi	quoi
bijoux	habits	mon	sais
ce	je	ne	suis
cheveux	lacets	pas	tout
de	laissez	passer	tu
décide	le	personne	une
dit	lit	porter	veux
es	mais	princesse	vrai
	me	que	

4

Je suis une princesse

Kirsten Hall

Illustrations de Dee deRosa

Texte français de Laurence Baulande

Catalogage avant publication de Bibliothèque et Archives Canada

Hall, Kirsten
Je suis une princesse / Kirsten Hall; illustrations de Dee deRosa;
texte français de Laurence Baulande.

(Je veux lire)
Traduction de : I'm a Princess.
Niveau d'intérêt selon l'âge : Pour les 3-6 ans.
ISBN 0-439-94199-7

I. DeRosa, Dee II. Baulande, Laurence III. Titre.
IV. Collection : Je veux lire (Toronto, Ont.)

PZ23.H3385Je 2006   j813'.54   C2006-902960-1
ISBN-13 978-0-439-94199-0

 6 5 4 3 2   Imprimé au Canada   08 09 10 11 12

FSC
Sources Mixtes
Groupe de produits issu de forêts
bien gérées, de sources contrôlées
et de bois ou fibres recyclés.
Cert no. SGS-COC-003098
www.fsc.org
© 1996 Forest Stewardship Council

Je suis une princesse.

C'est vrai!

Faites mon lit!

Attachez mes lacets!

C'est moi qui décide de tout!

Personne ne me dit quoi porter!

Je suis une princesse!
Laissez-moi passer!

Admirez mes bijoux.

Admirez mes cheveux.

Admirez mes habits…

je le veux.

Je suis une princesse.

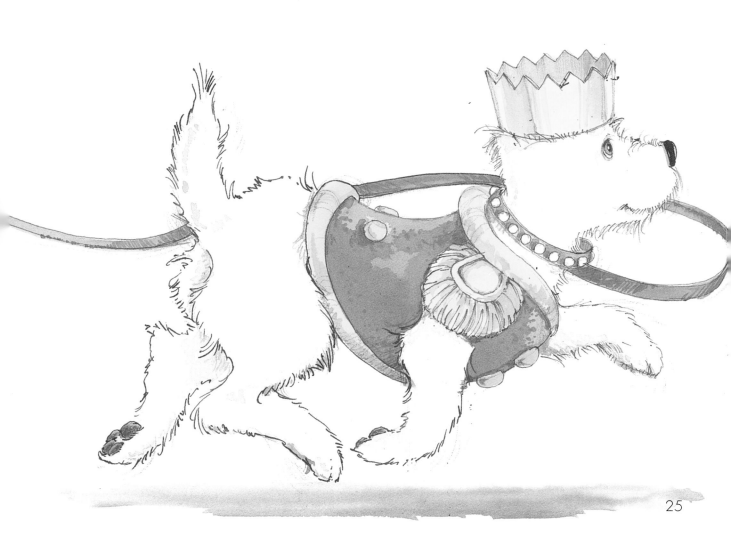

C'est vrai!

Je suis une princesse.

Mais je ne sais pas ce que tu es.

JE VEUX LIRE